AF349897

COLLECTION D'UN AMATEUR

Vente du Mardi 8 Mai 1906

HOTEL DROUOT — SALLE Nº 7

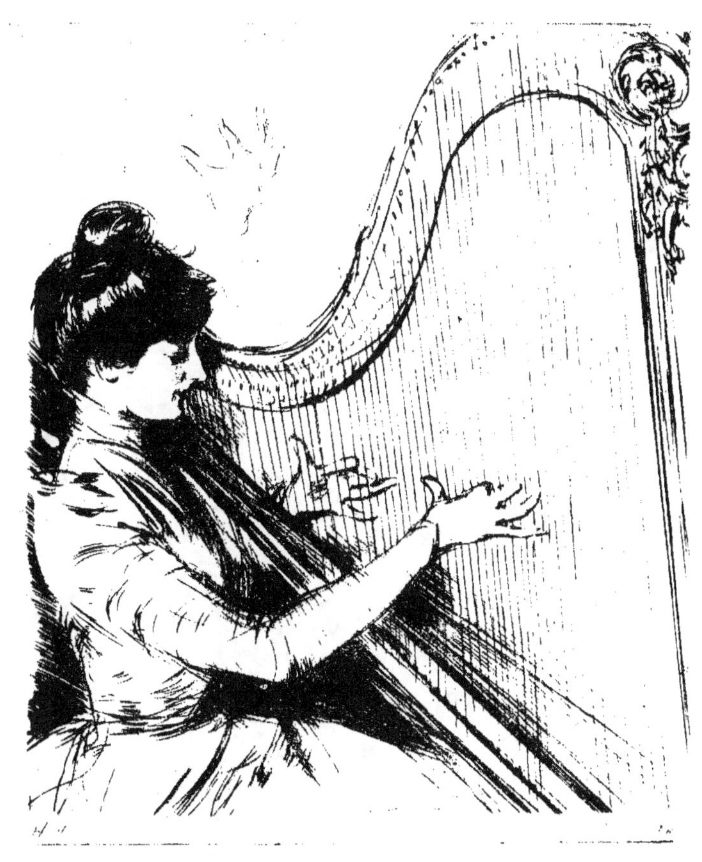

Nº 7 du Catalogue

ESTAMPES

DE

PAUL HELLEU

EXPOSITION PUBLIQUE

HOTEL DROUOT, Salle Nº 7, le Lundi 7 Mai 1906

Mᵉ MAURICE DELESTRE   M. LOYS DELTEIL

CATALOGUE

DE

134 ESTAMPES

DE

PAUL HELLEU

formant

la collection d'un amateur

Dont la vente aura lieu

à Paris, **HOTEL DROUOT**, Salle N° 7

Le Mardi 8 Mai 1906

à 2 heures précises

Par le Ministère de Mᵉ MAURICE DELESTRE

COMM.SSAIRE-PRISEUR

5, rue Saint-Georges

Assisté de M. LOYS DELTEIL, Artiste-Graveur, Expert

22, rue des Bons-Enfants

CONDITIONS DE LA VENTE

Elle sera faite au comptant.

Les acquéreurs paieront *dix pour cent* en sus des enchères.

M. LOYS DELTEIL remplira les commissions que voudront bien lui confier les amateurs ne pouvant y assister.

MM. les amateurs pourront visiter la collection, 22, *rue des Bons-Enfants,* les vendredi 4 et samedi 5 mai, de 9 heures à 5 heures.

EXPOSITION PUBLIQUE A L'HOTEL DROUOT
Salle N° 7
le Lundi 7 Mai, de 1 heure 1/2 à 6 heures

AVIS IMPORTANT

Toutes les estampes composant cette collection se trouvant en parfait état, nous nous sommes dispensé d'indiquer la qualité de chaque épreuve; nous ne mentionnons seulement, à la suite des titres des estampes, que le nombre des tirages et le numéro de l'épreuve, lorsque ces indications ont été faites en marge, par l'artiste lui-même.

Imp. de l'Art, E. Moreau & C⁣ie, 41 rue de la Victoire.

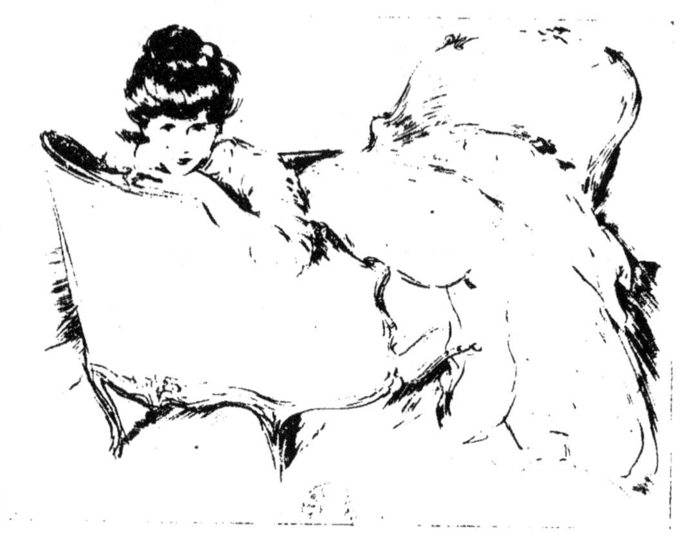

Nº 12 du Catalogue.

HELLEU

1. Jeune Femme à l'éventail. In-fol. Tirée à 10.

2. Jeune Fille au chapeau, orné d'une plume blanche. In-fol., impr. en bistre et sanguine. Tirée à 15.

3. Fillette assise dans un fauteuil. In-fol.

4. La Dame à la toque (Mme Chéruit). In-fol., épreuve n° 2.

5. Sieste, épreuve du 1er tirage limité à 20.

6. La Harpiste, de profil. In-fol. Tirée à 20.

7. Dolley (Mlle Madeleine), du Gymnase. Grand in-
fol. *imprimé en couleurs*.

8. Jeune Femme à la toque et au manteau de fourrure. In-fol. Epreuve n° 1.

9. Devant la cheminée. In-fol.

10. Jeune Femme au guéridon. In-fol.

11. Chancey (Mme). Grand in-fol.

12. Jeune Femme étendue sur un canapé Louis XV.
In-fol. Tirée à 10 (n° 1).

13. Les Deux Filles de la Duchesse de Manchester.
In-fol. Epreuve n° 10.

14. Les Enfants de la Princesse de Ligne. In-fol.

15. Hélène Helleu. In-fol. Epreuve n° 2.

16. L'Aiguille. In-4°.

17. Jeune Fille de face, au boa, accoudée. Grand
in-fol.

18. La Jeune Femme à la tasse. In-fol.

19. Liane de Pougy (Mme) étendue sur un canapé.
In-fol. Epreuve n° 3. (Tiré à 25 épreuves, note de
l'éditeur.)

20. Roesoler (Mlle) devant son secrétaire. Petit in-fol.
Epreuve n° 3.

21. Jeune Femme à la colonne, dans le goût de Reynolds. In-fol. Epreuve n° 9.

22. Fillette de profil à gauche, assise. In-fol. Tirés à 4 épreuves (n° 1).

23. Jean, malade. In-fol.

24. Mme H... faisant de la tapisserie. In-fol. Epreuve n° 1.

25. Jeune Fille se mirant dans une glace. In-fol. Epreuve n° 3.

26. Carlier (Mme Madeleine). Grand in-fol.

27. La Harpiste, grande planche. Grand in-fol. Epreuve n° 6.

28. Letellier (Mme Henri) de face. In-fol.

29. Devant les Watteau du Louvre. In-fol. Epreuve tirée en deux tons.

30. Jeune Femme en buste, de face. In-fol.

31. Les Enfants de l'Artiste. In-fol. Epreuve n° 2.

32. Jeune Femme à la barre. In-fol. Epreuve n° 7.

33. Fillette américaine, de face. Grand in fol.

34. Dorgère (Mlle Arlette), de la Scala. Grand in-fol. Epreuve *imprimée en couleurs*.

35. Derrière l'écran. In-fol.

36. Mlle X..., de face. Grand in-fol.

37. Jeune Femme accoudée, dans le goût de Lawrence. In-fol.

38. Étude à quatre mains. In-fol., 1er état. Épreuve n° 1, sur papier ancien.

39. La même estampe, 2e état.

40. La Lionne. In-fol. Épreuve sur papier ancien.

41. Le Canapé blanc (Mlle Roeseler). In-fol. Tirée à 10 épreuves. (Note de l'éditeur.)

42. Maternité (Mme H...). In-fol. Épreuve n° 3.

43. Warren (Mme la Baronne Prilles de). Grand in-fol.

44. La Lecture sur le canapé. Petit in-fol. Épreuve n° 1.

45. Hélène Helleu. In-fol.

46. Jeune Femme accoudée. In-fol. Tirée à 2 épreuves.

47. Roeseler (Mlle), de profil. Épreuve n° 5. (Tirée à 10 épreuves, note de l'éditeur.)

48. Roeseler (Mlle), de face. Lithographie in-fol., imprimée en trois tons. (Tirée à 7 épreuves.)

49. Fouquier (Mlle H.). In-fol.

50. Malborough (Mme la Duchesse de). Grand in-fol.

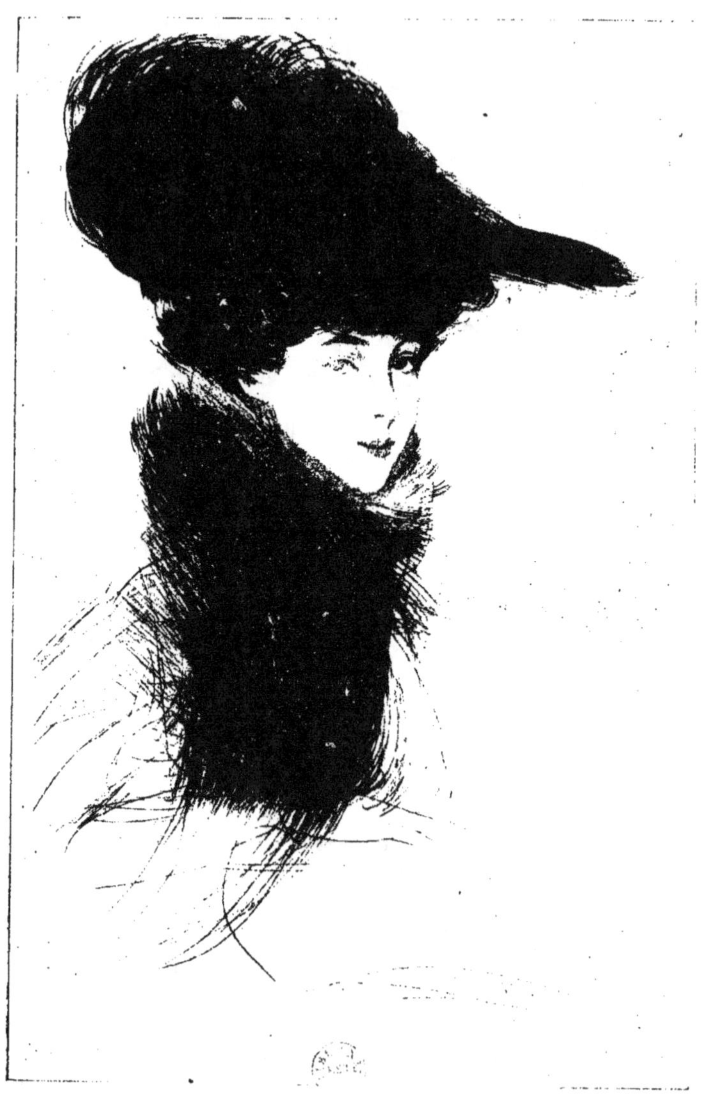

N° 5o du Catalogue.

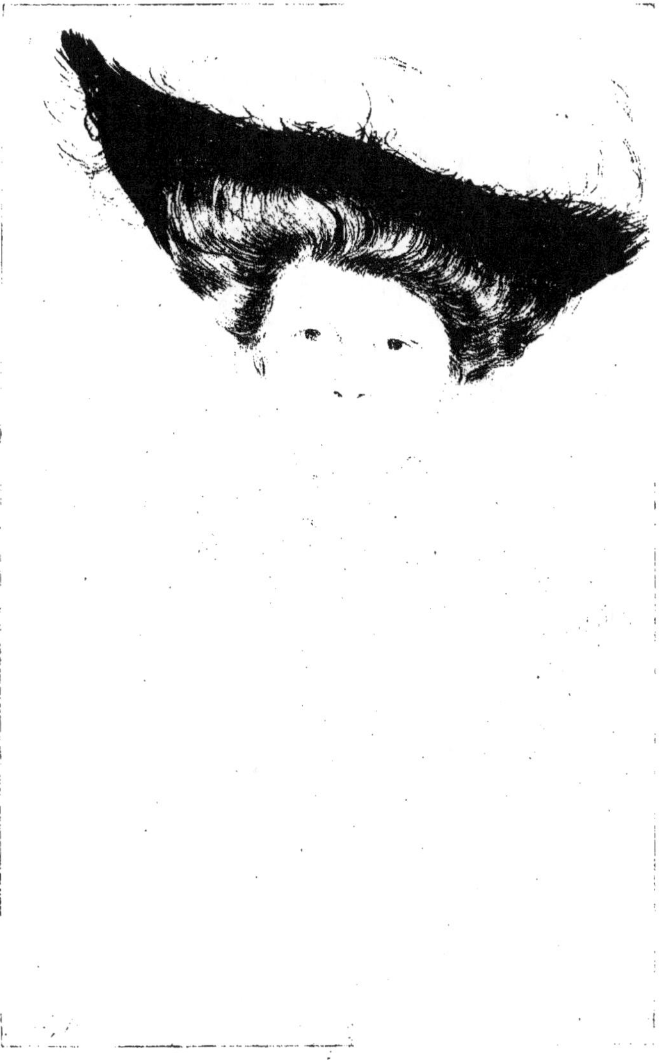

51. Mme X... Grand in-fol. Epreuve *imprimée en couleurs*.

52. La Dormeuse. In-fol.

53. Quatre études de têtes de Femmes. In-fol. Epreuve *imprimée en sanguine*.

54. A Versailles. Grand in-fol. Epreuve n° 5.

55. A Versailles. Petit in-fol. Epreuve n° 5.

56. La Fiancée. Grand in-fol. Epreuve *imprimée en couleurs*. (Tirée à 12.)

57. Roeseler (Mlle). 1re planche. In-fol.

58. Mme H..., de face, les mains croisées. In-fol. Epreuve n° 4. (Tirée en sanguine.)

59. Réflexion. In-fol.

60. Jeune femme, de face. Grand in-fol. Epreuve *imprimée en couleurs*.

61. Coucou. In-fol. Epreuve n° 3.

62. Fillette étendue sur un sofa. In-fol. Epreuve n° 6.

63. Jeune Fille, de profil à droite. In-fol.

64. Mme H..., accoudée. Petit in-fol.

65. Mme H..., étendue sur un canapé. In-fol. Epreuve n° 2.

66. Hélène Helleu, enfant, assise. In-fol. Epreuve
n° 2. (Tirée sur papier ancien.)

67. Le Roman. In-fol. Epreuve n° 5. (Tirée en 2 tons.

68. Mme X... ou la Femme assise, au manchon.
Grand in-fol.

69. Jeune Femme allemande. Grand in-fol.

70. Letellier (Mme Henri), de profil, Grand in-fol.

71. Trois études de Jeune fille, les mains appuyées
au menton. (Tirée à 2 épreuves.)

72. Fillette aux longs cheveux, de profil à gauche.
In-fol.

73. Devant la Fenêtre. In-fol. Epreuve n° 4. (Tirée
à 10.)

74. Mme H..., deux études sur la même planche.
In-fol.

75. Quatre études de têtes de Femmes. In-fol.
Epreuve tirée en sanguine.

76. Jeune Femme au manteau de fourrure. In-fol.
(Tirée à 4 épreuves.)

77. M. et Mme X... regardant des estampes. In-fol.
Epeuve n° 5.

78. Réflexion. In-fol. Epreuve tirée en sanguine.

79. Hélène Helleu à treize ans. In-fol.

80. Nonchalance. In-fol. Epreuve n° 5.

81. Cinq têtes de Femmes. Lithographie in-fol. (Tirée à 25 épeuves (n° 1), imprimée en 3 tons,)

82. Law (Mistress). Grand in-fol. Epreuve *imprimée en couleurs*.

83. Jeune fille de face, au chapeau orné d'une plume blanche. Grand in-fol.

84. Jeune Américaine, de profil. Grand in-fol.

85. Jeune Fille, de profil à droite. Grand in-fol.

86. Mme H..., les mains autour de la tête. Petit in-fol.

87. Femme à l'éventail. In-fol. Epreuve n° 2.

88. Une Gavotte. 1re planche, Epreuve n° 2.

89. Une Gavotte. 2e planche. Epreuve n° 4.

90. Une Gavotte. 3e planche.

91. Études de têtes et de mains. In-fol.

92. Études de têtes et de mains, variantes. In-fol.

93. Femme nue étendue sur un divan. In-fol. Tirée à 10 épreuves (impr. en couleurs).

94. Jeune Femme, de face, le menton appuyé sur le poignet droit. In-fol. Epreuve *imprimée en couleurs*.

95. Jeune Fille accoudée. In-fol. Epreuve n° 1.

96. Le Repos. In-fol.

97. D'après le modèle. In-fol. Epreuve n° 2.

98. Six études de Femmes et d'Enfants. In-fol. Tirée à 8 épreuves, exempl. *imprimé en sanguine.*

99. Jeune Femme accoudée contre une cheminée. In-fol.

100. Les Tanagra du Musée du Louvre. In-fol. Epreuve tirée en 2 tons.

101. Jeune Femme en peignoir, accoudée. Petit in-fol.

102. Fouquier (Mlle H...), de face. In-fol. Epreuve n° 3.

103. Fillette, de trois quarts à gauche. In-fol. Tirée à 6 épreuves (n° 1).

104. Trois études, d'après Hélène Helleu. Petit in-fol. Epreuve tirée sur papier ancien.

105. Jeune Garçon assis. In-fol. Tirée à 10 épreuves.

106. Jeune Fille au panier. In-fol. Tirée à 10 épreuves.

107. Fillette en contemplation. In-fol. Tirée à 10 épreuves.

108. Jeune Fille assise, se détournant. Epreuve n° 3.

109. Jeune Femme, de profil à gauche, la main sous le menton. In-fol. Epreuve n° 10.

110. Étude pour le portrait de Mlle D... In-4°.

111. Fillette en chapeau, de face. Petit in-fol.

112. Jeune Femme se peignant. In-fol. Epreuve n° 8, *tirée en sanguine.*

113. Jeune Femme, de profil, à droite (en sens inverse, un autre croquis.) In-fol.

114. Fillette, de profil à gauche. In-fol. Epreuve n° 1.

115. Jeune Fille dormant. In-fol. Epreuve n° 1.

116. Fillette, de face. In-fol.

117. Lemaire (Mlle Suzette), Petit in-fol. Epreuve n° 2.

118. Cheruit (Mme). In-fol.

119. Six études de têtes, dont Hélène Helleu. In-fol. Epreuve n° 6.

120. Réflexion, avec croquis d'enfant. In-fol.

121. Que j'embrasse son joli bras. In-fol. (Tirée à 10 épreuves.)

122. Jeune Femme au lit. (Tirée à 2 épreuves.)

123. La Patte, ou Jeune Femme au chien. Petit in-fol.

124. Jeune Femme, tournée à droite, accoudée. In-fol.

125. Jeune Femme, au chapeau blanc, accoudée. Petit in-fol.

126. Jeune Fille et Jeune Femme. In-fol. Epreuve n° 5.

127. Pensive. Petit in-fol.

128. Jeune Femme, tournée de profil à gauche, en cheveux. In-fol. Epreuve *tirée en bistre et sanguine*.

129. Deux croquis de Femmes, une souriant. In-fol. Epreuve n° 2.

130. Héléne Helleu, assise. Petit in fol. Epreuve sur japon.

131. Deux études de Femme se coiffant. In-4°. Epreuve *tirée en sanguine*.

132. Taylor (Miss Stuart). Grand in-fol. Epreuve du 1er état.

133. Le même portrait. Epreuve du 2e état. *Imprimée en couleurs*.

134. Jeune Femme en pied, coiffée d'un chapeau à aigrette. In-fol. Epreuve *imprimée en sanguine*.